Natalie Döbeling

emotionally unavailable

Trigger Warnung

Ich schreibe Texte, die davon handeln, zu verschwinden. Ich schreibe von Depressionen und negativen Gedanken. Ich schreibe von emotionaler Überforderung.

Das ist meine Art Sachen zu verarbeiten.

Solltest du mit Depressionen oder ähnlichen Gedanken zu kämpfen haben, sei dir bewusst, dass einige der Texte diese Gedanken verstärken können. Lies diese Texte also nur, wenn du dich bereit und sicher fühlst. Hol dir gerne jemanden dazu, der dich unterstützt.

Deine mentale Gesundheit ist wichtig!

© 2022, Natalie Döbeling
Herstellung und Verlag: BoD – Books on Demand, Norderstedt
ISBN: 9783756212972

Vorwort

Ich schreibe Gedichte, um meine Gefühle einordnen zu können.

Einige dieser Gedichte sind bereits einige Jahre alt, andere wiederrum recht frisch. Doch alle diese Gedichte haben etwas gemeinsam. Sie sind voller Gefühle, auch wenn sie im ersten Moment nicht so wirken.

In einigen dieser Gedichte bringe ich meinen Wunsch zu verschwinden zum Ausdruck. Dieser Wunsch war in der Vergangenheit schon akut und auch heute noch kämpfe ich dagegen an. Die Gedanken kommen und gehen. Handlungsimpulse verspüre ich auch, damals wie heute.

Wenn ich eines in meinem Alter gelernt habe, dann das das Leben kostbar ist. Nichts auf dieser Welt ist so mächtig und erdrückend, dass es das Leben kosten sollte.

Ich war jemand, der immer auf Leistung aus war. Angefangen in der Grundschule. Ich wollte die besten Noten, die meiste Anerkennung, den lautesten Applaus. Ich wollte die Beste sein. Immer und überall.

Ich habe mich über Leistung definiert. Und auch heute noch ist mir Leistung sehr wichtig.

Es hat sich allerdings eine grundlegende Sache verändert. Ich brauche die Bestätigung von außen nicht mehr. Ich erbringe Leistung, weil es mir Freude bereitet.

Wenn ich meinem jüngeren Ich etwas raten dürfte, dann dass es sein Leben genießen soll. Das Abi kannst du auch noch nach der Ausbildung machen.

In diesem Sinne, viel Spaß beim Lesen.

Ohne es zu merken

Fall ich tief

Verlier meine Stärken

Bin negativ

Nehme nichts mehr wahr

Bin taub

Alles was ich sah

Zerfällt zu Staub

Es erdrückt mich

Ich fühl mich schwer

Ich lass mich im Stich

Ich will nicht mehr

Die Gedanken kreisen stets

Kann nicht abschalten

Bin unterwegs

Tempo 200

Krieg nichts mehr mit

Brauch einen sauberen Schnitt

Kann nicht schlafen

Weil die Seele schmerzt

Die Gedanken kreisen

Will ich leben

Oder lieber sterben?

Die Entscheidung ist nicht schwer

Was mein Kopf so sehr will

Ist für mein Herz nicht klar

Egal, was ich versuch

Die Gedanken sind immer da

Immer wieder an diesem Punkt

Ich kann nicht mehr

Der Schmerz erdrückt mich

Und macht mich schwach

Nichts hält mich hier

Alles hält mich wach

Und egal, was ich auch probier

Am Ende bleibe ich hier

Hin- und Hergerissen

Zwischen dir

Und mir

Ständiges vermissen

Auf Abstand halten

Uns komisch verhalten

So viel Gefühl

So viel Schmerz

Finde keine Worte

Mein Kopf ist leer

Jede Träne

Nur für dich

Mir fehlt deine Wärme

Und dein Gesicht

Schwer

Liegt die Last in meinem Herz

Es zieht sich zusammen

Bei jedem Schmerz

Nichts bricht es entzwei

Und nichts hält es zusammen

Wie ein Puzzle

Es fehlt immer ein Teil

Und habe ich es gefunden

Ist es sofort wieder verschwunden

Schwer

Liegt die Last in meinem Herz

Es zieht sich zusammen

Bei jedem Schmerz

Was bleibt

Wenn alles erlischt

Wenn nichts mehr leuchtet

Und alles verwischt

Wenn dein Herz

Nicht mehr schlägt

Und sämtlicher Schmerz

Nie zergeht

Wann alles in dir

Gefangen ist

Und nichts mehr hier

Noch von Bedeutung ist

Ich liege wach

Denk an dich

Ich werde schwach

Und sterbe innerlich

Dein Lachen

Und deine Augen

Was sie mit mir machen

Die Luft, die sie mir rauben

Ich kann nicht denken

Und nicht reden

Lass mich ablenken

Und überreden

Dieses Gefühl erlauben

Es erleben

Und es einsaugen

Und nicht mehr freigeben

Ich behalt es

Geb es nicht mehr her

Mach mich kaputt

Und will es nur mehr

Werde überrannt

Von den Emotionen

Bin ausgebrannt

Möcht nicht in mir wohnen

Es ist alles zu viel

Ich lass es raus

Lass mit mir spielen

Lerne nicht draus

Zieh mich zurück

Bin alleine

Brauch nur ein wenig Glück

Doch seh nur Steine

Ich will leben

Ich will lachen

Nach Freiheit streben

Einfach machen

Nicht nachdenken

Nicht anhalten

Kurz ablenken

Schnell abschalten

Ich will lernen

Zu genießen

Und verlernen

Tränen zu vergießen

Deine Hand

Auf meiner Haut

Raubt mir den Verstand

Und macht mich taub

Neben dir liegen

Zusammen sein

Fühlt sich an wie fliegen

Ich bin daheim

Möchte es nicht mehr missen

Mit dir zu sein

Du sollst wissen

Ich bin dein

Du bist immer da

Wenn ich dich brauch

Bin nie allein

Ich zähl da drauf

Ich fühl mich gut

Kenn das Gefühl so nicht

Es gibt mir Mut

Und spendet Licht

Du liegst neben mir

Ich fühl mich frei

Bin nah bei dir

Und bin so high

Nicht auszumalen

Was andere denken

Möchte dir Liebe geben

Und Glück schenken

Verliebt ins Leben

Werde alles geben

Setz mich ein für mich

Lass mich nicht im Stich

Wie soll ich sagen

Dass ich dich mag?

Soll ich es wagen?

Die Gefühle sind so stark

Ich habe Angst

Dich zu verlieren

Doch du tanzt

In meinem Herz

Ich will´s probiern´

Fühl mich leer

Bin ausgebrannt

Tonnenschwer

Steh am Rand

Weiß nicht

Wohin mit mir

Verlier die Übersicht

Ich erfrier

Wenn ich hier so sitz und an dich denk

Was bist du doch für ein Geschenk

Kann nicht glauben, was du für mich bist

Doch selten hab ich jemanden so vermisst

Was mach ich falsch

Wenn ich abends im Bett lieg

Und wein

Allein

Wenn mich niemand versteht

Und mich niemand hört

Obwohl ich so laut schrei

Mein Kopf ist voll

Und mein Herz ist leer

Ich fühl alles

Und doch nichts mehr

Ich ertrinke

In der Depression

Ich verschwinde

Bin eine Illusion

Finde kaum Worte

Für diesen Schmerz

Es schließt sich die Pforte

Zu meinem Herz

Die Gedanken sind laut

Und finden keinen Platz

Denn alles, was ich glaub

Scheint für die Katz

Nichts ergibt hier Sinn

Die Last ist schwer

Brauch vielleicht einen Gin

Und vielleicht noch mehr

Würd dir gern sagen

Wie ich mich fühl

Doch kann es nicht wagen

Dich aufzuwühlen

Ich weine

Und schreie

Ich leide

Und verzeihe

Mir

Ich bin müde und mir fehlt dir Kraft

Sieh an, was die Depression mit mir macht

Ich kämpfe jeden Tag

Und doch tut sie, was sie mag

Ich komm nicht dagegen an

Sie zieht mich in ihren Bann

Sie nimmt mich ein

Akzeptiert kein Nein

Bald bin ich niemand mehr

Dabei will ich leben, so sehr

Ich weiß nicht

Was mich traurig macht

Weiß nicht

Warum ich nicht lach

Meine Freunde fragen,

Wie es mir geht

Seht ihr meine Narben?

Sicher, ihr versteht

Diese Phasen hat doch jeder

Krieg ich zu hören

In meinem Herzen weitet sich das Loch

Ich wollt nicht stören

Wollt nur sagen

Dass ich noch leb

Fühle diese Traurigkeit

Unaufhaltsam

Klaut sie mir die Lebenszeit

Sie umhüllt mich ganz

Und frisst mich auf

Dieses Gefühl schleicht sich ein

Nichts wert zu sein

Denn was alle sehen

Ist nicht das, was es scheint

Wieder lieg ich wach

Alleine

Es ist Nacht

Und ich wein

Ich versuche zu begreifen

Was in mir passiert

Denn das was ich fühle

Lässt mich zweifeln

Es fühlt sich an

Als ertrinke ich

Ertrinke in dem

Was ich nicht bin

Ertrinke in dem

Was ich nie sein werde

Ich vermisse dich

Weil ich mich vermisse

Weil ich mich vermisse, wie ich bin

Wenn du bei mir bist

Mit dir fühl ich mich leicht

Und frei

Ich habe keine Angst

Und empfinde keine Traurigkeit

Wenn ich dich seh

Werd ich ganz schwach

Und du setzt

Mein Herz Schach Matt

Weil ich immerzu

Nur an dich denk

Hab ich dir mein Herz geschenkt

Ich hoffe

Du passt gut drauf auf

Und wenn nicht

Nehm ich den Schmerz in Kauf

Ich bin schlaflos

Laufe kopflos

Drauflos

Nichts ist so,

wie es einmal war

nun bin ich froh

und noch immer da

geb den Stimmen

keine Macht

Muss mich besinnen

Jede Nacht

Möchte zurück an den Punkt

An dem ich dacht

Es gibt kein Grund

Weshalb man nicht lacht

Ich fühl zu viel

Oder nichts

Setz alles aufs Spiel

Und verliere mich

Das Lachen schmerzt

Weil du weinen willst

Dein Herz zerreißt

Und du wirst still

Denn niemand merkt

Dass du dich quälst

Du warfst mich um mit einer Wucht

Man findet Liebe, wenn man nicht sucht

Ich liege hier

Und frage mich

Fühlst du das Gleiche

Wie ich für dich?

Ich vermisse das Schreiben

Spät in der Nacht

Seh mich leiden

Während du lachst

Manchmal

da lieg ich wach

und frage mich

was ist das für ein Krach?

Der Krach in meinem Kopf

Der gibt keine Ruh

Tust mir nicht gut

Und tust mir weh

Mir fehlt der Mut

Das einzusehen

Da ist jemand

Den ich verbannte

Weil er mich zu gut kannte

Er kannte meine Schwächen

Während ich lächel

Und sah die Trauer

Hinter der Mauer

Wenn alle dir sagen

Du bist nicht allein

Und es sich so anfühlt

Als soll's so nicht sein

Wenn du kurz denkst

Du bist genug

Und dann schon wieder

Fehlt dir der Mut

Den Schritt zu wagen

Etwas zu sagen

Und vielleicht

Bist du doch allein

Und denkst

So soll es nicht sein

Ich wünscht ich wär mutiger

Ich wünscht ich wär schlauer

Und nicht so voller Trauer

Und plötzlich bleib ich wach

Verzichte auf meinen Schlaf

Möcht bei dir zu sein

Und deine Nähe zu spüren

Ich möchte nicht sein allein

Möchte mir geborgen fühlen

In jedem Gesicht, dass ich seh

Seh ich nur dich und das tut weh

Halts kaum mehr aus

Du musst aus meinem Kopf heraus

Doch je mehr ich das probier

Desto präsenter bist du mir

Ich zieh mich zurück

Weil mich alles erdrückt

Weil alles um mich herum

Laut ist und nicht stumm

Die Welt muss anhalten

Ich muss mal abschalten

Muss runterkommen

Fühl mich wie benommen

Es geht alles weiter

Wie gewohnt

Habe Angst zu scheitern

Bleibe nicht verschont

Hätte alles für dich gegeben

Wollt mit dir teilen, mein Leben

Wollte nur, dass du glücklich bist

Auch wenn du es bist, ohne mich

Als ich dir sagte

Dass ich dich lieb

Diesen Schritt wagte

Die Welt für einen Moment stehen blieb

Ich dir in die Augen sah

Und kurz dachte

Das ist was, klar

Dann lachte

Da wird nichts sein

Ich bin zwar dein, doch du nicht mein

Gefallen dir meine Texte und Gedichte?

Ich würde mich freuen, von dir zu hören! Du erreichst mich über Instagram unter natalie.dblng

Ich freue mich auch über Kritik, die du mir gerne über Instagram mitteilen kannst oder per Mail unter nataliedblng@gmx.de.

be kind. always.